Familias

Jennifer Nowak

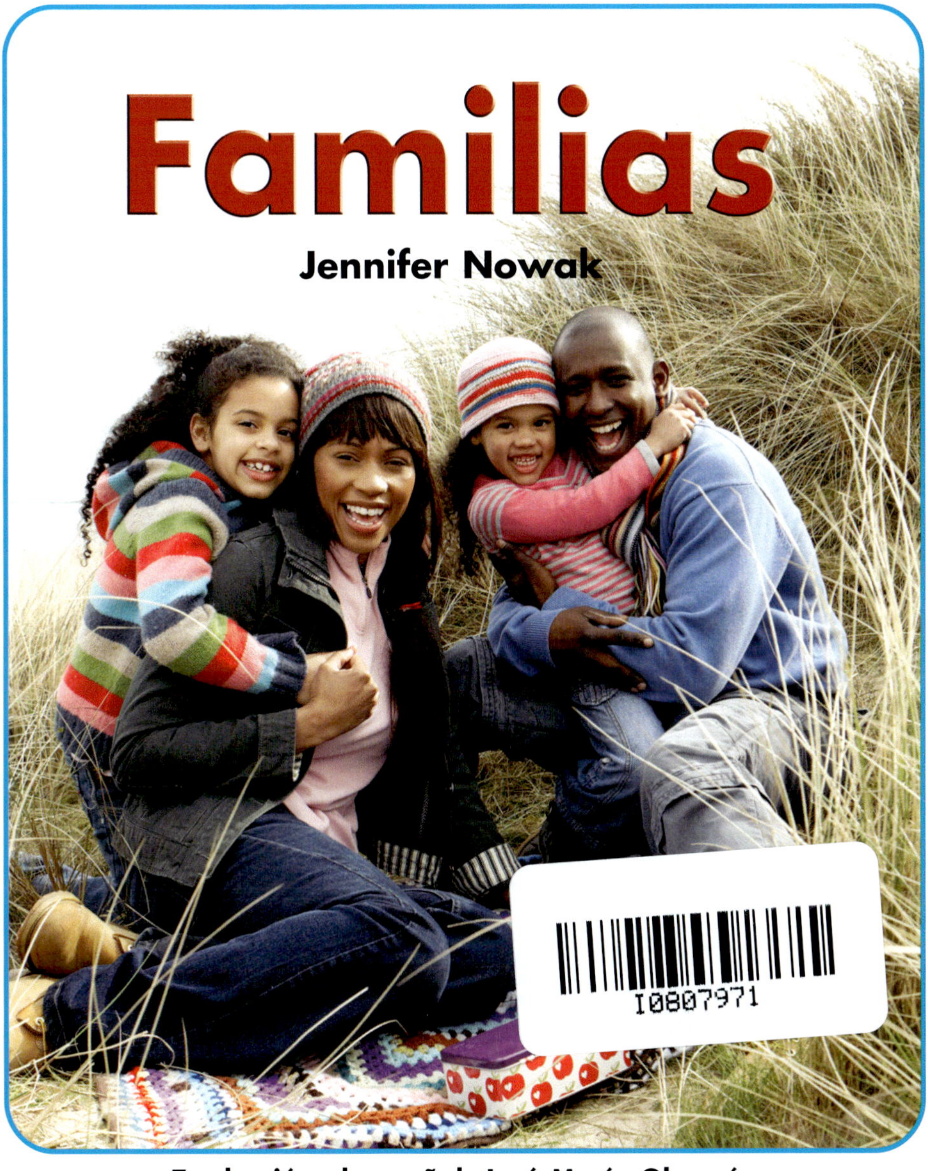

Traducción al español: José María Obregón

Rosen REAL READERS en español

Rosen Classroom Books & Materials
New York

Las familias pueden comer juntas.

Las familias pueden trabajar juntas.

Las familias pueden leer juntas.

Las familias pueden jugar juntas.

Las familias pueden ir de

compras juntas.

¿Qué te gusta hacer con tu familia?

Palabras que debes saber

ir de compras

jugar

leer